Handmade Wallsticker

처음 만드는
월 스티커
Wallsticker

かわいい、ちいさな、手づくり雑貨 はじめてのウォールステッカー

Copyright © BNN, Inc. © CHIKU 2010
Originally published in Japan in 2010 by BNN, Inc.
Korean translation rights arranged through
The English Agency(Japan) Ltd. and Danny Hong Agency.
Korean translation copyright © 2014 by Hyejiwon Publishing

이 책의 한국어판 저작권은 대니홍 에이전시를 통한
저작권사와의 독점 계약으로 도서출판 혜지원에 있습니다.
신저작권법에 의하여 한국 내에서 보호를 받는 저작물이므로
무단전재와 복제를 금합니다.

처음 만드는
월 스티커
Wallsticker

초판 인쇄일 2014년 3월 10일
초판 발행일 2014년 3월 25일

지은이 CHIKU
발행인 박정모
등록번호 제9-295호
발행처 도서출판 혜지원
주소 (130-844) 서울시 동대문구 천호대로 81길 23(장안 1동 420-3)
전화 02)2212-1227 **팩스** 02)2247-1227
홈페이지 www.hyejiwon.co.kr

기획 · 번역 송유선
디자인 김보라
영업마케팅 김남권, 황대일, 서지영
ISBN 978-89-8379-810-7
정가 13,000원

이 도서의 국립중앙도서관 출판시도서목록(CIP)은 서지정보유통지원시스템 홈페이지
(http://seoji.nl.go.kr)와 국가자료공동목록시스템(http://www.nl.go.kr/kolisnet)에서
이용하실 수 있습니다.(CIP제어번호: CIP2014005798)

처음 만드는
월 스티커
Wallsticker

혜지원

핸드메이드 월 스티커로
방의 분위기를 바꿔보세요.

페인트를 칠하거나 벽지를 새로 바르지 않고도
벽에 색을 더해 간편하게 방의 분위기를 바꿀 수 있는 것이 바로 월 스티커입니다.
이미 인테리어 아이템의 하나로서 정착한 이 월 스티커를
커팅시트지를 사용해 간편하게 수작업이 가능하도록 구상해 보았습니다.
커팅시트지는 간판이나 실내 장식 등에 사용되는 다양한 색깔의 장식용 시트지를 말합니다.
붙이고 떼는 것이 간단하기 때문에 벽을 훼손시키지 않을 수 있어 안심하고 사용할 수 있습니다.
화방이나 문구점 등에서 구입할 수 있으므로 이 책의 도안을 사용해 꼭 도전해 보세요.

종이로 만들어도 예쁘게 장식할 수 있어요.

시트지뿐만 아니라 종이를 사용해도 OK!
종이로 만든 도안은 마스킹 테이프를 이용해 벽에 붙이거나 끈으로 연결해
모빌이나 갈런드로 만들어 예쁘게 장식할 수 있습니다.

CONTENTS

Prologue • 018

Chapter 1 동물

001 사바나의 동물 • 026
002 동물원 친구들 • 028
003 애완동물과 산책 • 030
004 새들의 보호지구 • 032
005 바닷속 물고기들 • 034
≫ Column CHIKU 기리에 컬렉션 • 036

Chapter 2 식물

006 다양한 나무 • 038
007 나뭇가지 퍼즐 • 040
008 꽃의 행진 • 042
009 골목에 핀 꽃 • 044
010 늘어진 꽃 • 046
011 나뭇잎 커튼 • 048
012 낙엽의 계절 • 050
013 들판의 클로버 • 052
014 페이퍼 플라워 • 054
≫ Column DOMESTIC 월 스티커란? • 058

Chapter 3 세계여행

- 015 남극의 얼음 세계 • 062
- 016 북유럽의 밤 • 064
- 017 지중해 바캉스 • 066
- 018 유럽의 거리 • 068
- 019 기차 여행 • 070
- 020 여행 지도 • 072
- ›› Column Welcome to my room! • 074

Chapter 4 인테리어

- 021 여러 가지 조명 • 080
- 022 앤티크 소품 • 082
- 023 아이디어 아이템 • 084
- 024 라인 –마스킹 테이프 테크닉– • 086
- 025 블록 –마스킹 테이프 테크닉– • 087
- 026 나비 –마스킹 테이프 테크닉– • 088

Chapter 5 파티 타임

- 027 크리스마스트리 • 090
- 028 춤추는 핼러윈 • 092
- 029 컬러풀한 생일 • 094
- 여러 가지 모티브를 조합하자 • 096
- ›› Column 나카가와 케미컬 커팅시트지란 무엇인가요? • 098

How to make Wallsticker

도구&재료 • 102

월 스티커 만드는 방법 • 103

커팅시트지 자르는 요령 • 104

그 외 여러 가지 요령 • 106

마스킹 테이프를 사용하는 요령 • 107

커팅시트지를 붙이는 요령 • 108

커팅시트지를 벗기는 요령 • 109

도안지 사용법 • 110

Chapter 1

동물

Animal

> **Point**

동물의 눈은 펜으로

동물의 눈과 같이 작은 부분은
유성 펜으로 그려도 좋아요.
혹은 커터칼로 잘라내도 상관없어요.

001* 사바나의 동물

아침이 되면 동물들이 목욕을 하러 와요.
방 안에 동물들이 쉴 수 있는 오아시스를 만들어 보아요.

Chapter 1 동물 027

002 * 동물원 친구들

마음에 드는 동물을 찾아 활기찬 동물원을
만들어 보아요.

> *Point*

담장은 마스킹 테이프로

동물이 모노톤이기 때문에 담장은 컬러풀하게 맞춰주는 게 포인트가 됩니다. 마스킹 테이프로 간단히 만들 수 있어요.

도안 → p.112

Chapter 1 　동물　029

> Point

발자국은 펀치로

발자국의 발가락 모양은 펀치를
사용하면 간단해요.

003* 애완동물과 산책

개와 고양이가 방 안을 산책하듯 여기저기에 붙여 봐요.
타박타박 발자국도 잊지 말아요.

> *Arrangement*

전기 코드를 고정한다

집 안의 전기 코드를 동물 스티커로
벽에 고정하면 깔끔해집니다.

도안 → p.113

도안 → p.114

004* 새들의 보호지구

날개를 펼쳐 날아가는 새, 전선에 앉아 재잘거리는 새
오리와 새끼 오리들
각자 마음에 드는 장소에 붙여 보아요.

> Point

전선은 마스킹 테이프로
전선은 마스킹 테이프로 붙여 만들었습니다.

Chapter 1 동물

005 * 바닷속 물고기들

흔들흔들 리듬을 타며 유랑하듯 헤엄치는 물고기들
방안이 마치 수족관 같아요.

> Point

투명색을 사용한다

투명색의 시트지를 사용하면
서로 겹치는 부분이 예쁘게 표현됩니다.
창문에 붙이는 걸 추천해요.

도안 → p.115

Chapter 1　동물

작가 CHIKU(치쿠)

이 책에서 만든 월 스티커는 커팅시트지를 사용한 것이지만, 보통 저는 종이를 사용해 기리에 작품을 제작하고 있습니다. 주로 동물이나 여자아이, 상상 속 풍경 등을 모티브로 하고 있습니다. 다양한 색과 모양의 재미있는 배합에서 탄생한 기리에 작품이 여러분의 심금을 울릴 수 있었으면 좋겠습니다. 작가명인 'CHIKU'는 인도의 과일 이름입니다.

※ 기리에(切り絵)란? 종이를 오려 내어 그림을 만드는 회화의 일종

★ CHIKU 기리에 놀이터
http://kirieasobi.com

Chapter 2

식물

006  다양한 나무

여러 가지 모양의 나무를 만들어 나열해 보아요.
왠지 숲의 한가운데에 있는 기분이 들어요.

> **Point**

마스킹 테이프 변형하기

시트지는 무늬가 없기 때문에 무늬가 있는 마스킹 테이프와 조합하면 나뭇잎의 모양을 변형할 수 있습니다.

도안 → p.116

Chapter 2 | 식물 | 039

007* 나뭇가지 퍼즐

마음대로 배열하여 사용할 수 있는 나뭇가지 퍼즐.
새와 다람쥐가 쉴 수 있는 장소도 만들어 주세요.

가지의 구성을 바꾼다 > *Arrangement*

하나의 가지는 여러 개로 갈라져 있기 때문에 가지가 뻗어나가는 위치를 바꾸면 다양한 표정의 나무를 만들 수 있습니다. 공간에 맞추어 붙여 보고, 다른 색으로도 붙여 보세요.

> *Point*

마스킹 테이프로 변형

p.38의 '다양한 나무'와 같이 마스킹 테이프를 붙여 나뭇잎에 포인트를 줍니다.

도안 → p.117

Chapter 2 | 식물 | 041

> Point

겹쳐 붙인다

큰 꽃잎, 중간 꽃잎, 작은 꽃잎을 겹쳐 붙여 다채로운 꽃을 만들어 봅시다.

008* 꽃의 행진

뱅글뱅글 도는 듯한 꽃의 행렬.
방 안의 분위기도 기분도 한껏 밝아져요.

도안 → p.118

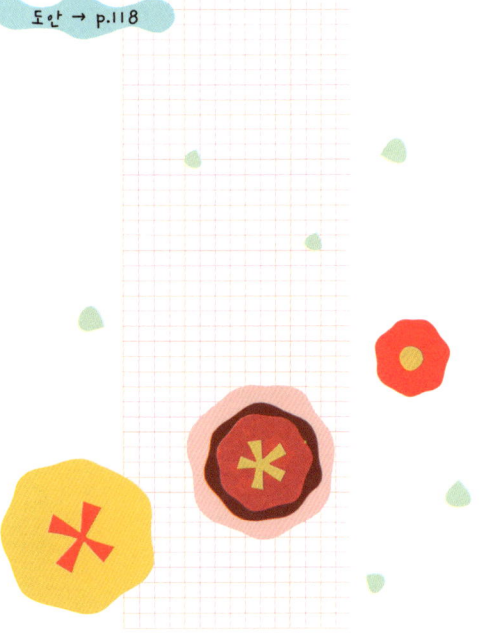

Chapter 2 │ 식물   043

009* 골목에 핀 꽃

골목길에 핀 작은 꽃에 벌과 나비가 모여들어요.
방의 낮은 곳에 붙이면 귀엽답니다.

> **Point**

벌의 날개는 종이로

벌의 날개 부분은 트레이싱 페이퍼와
같이 얇은 종이로 만듭니다.

도안 → p.119

010* 늘어진 꽃

꽃을 원하는 모양으로 연결하고 변형해 가며 붙여 보아요.
현관이나 문에 붙이면 더욱 예쁘답니다.

도안 → p.120

Chapter 2 | 식물   047

011* 나뭇잎 커튼

초록으로 둘러싸인 방은 눈을 편안하게 하고
차분하면서 상쾌한 분위기를 만듭니다.

> *Arrangement*

담쟁이덩굴은 이어 붙여서 길게

담쟁이덩굴을 세로로 이어 붙여 하나의 긴 덩굴을 만들어, 좁고 긴 공간에 붙여 봅시다.

012 * 낙엽의 계절

가을에 어울리는 낙엽.
책상 위에 붙이면 귀여워요.

> **Point**

벌레 먹은 잎은 펀치를 이용

펀치를 사용해 원하는 위치에 구멍을 뚫어 벌레 먹은 잎을 표현해 보세요.

> **Point**

투명색을 겹쳐 본다

투명색의 시트지로 낙엽을 만들어 겹쳐 붙여도 예뻐요.

도안 → p.122

Chapter 2 | 식물 | 051

 * 들판의 클로버

방 안에 피어난 길가의 풀.
네잎클로버를 찾는다면 오늘 하루 행복이 가득할 거예요.

도안 → p.123

Chapter 2 | 식물

014 * 페이퍼 플라워

벽에 꽃들이 빼꼼히 피어 있어요.
종이를 사용해 입체적으로 만들어 보았습니다.

만드는 법·도안 → p.57

Chapter 2 | 식물　055

014 * 페이퍼 플라워 도안

꽃 만드는 법

01 15cm의 정사각형 종이를 삼각형이 되도록 반 접습니다.

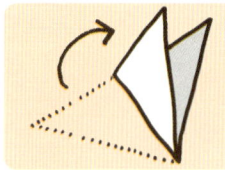

02 2번 더 같은 방법으로 접어 작은 삼각형을 만듭니다.
(종이가 8장 겹쳐진 상태가 됩니다)

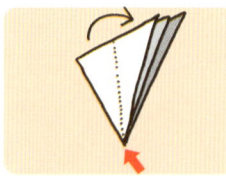

03 다음으로 삼각형이 전부 연결되어 있는 중심을 축으로 해서 반을 접습니다.
(종이가 16장 겹쳐진 상태가 됩니다)

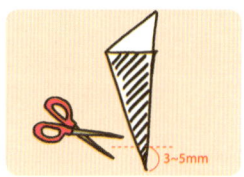

04 빗금 친 부분에 오른쪽의 도안을 대고 자릅니다. 끝에서 3~5mm 정도 되는 곳에 도안을 대고 자르면 됩니다.

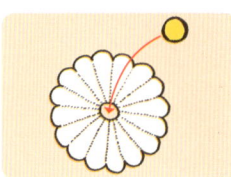

05 종이를 펼치고 가운데 구멍 부분에 구멍보다 크게 자른 시트지를 붙여 벽에 고정합니다.

나비 만드는 법

01 종이를 반으로 접어 도안을 대고 자릅니다.

02 종이를 펼치고 날개의 중앙에 마스킹 테이프를 붙여 벽에 고정합니다.

141% COPY B5 → B4

꽃

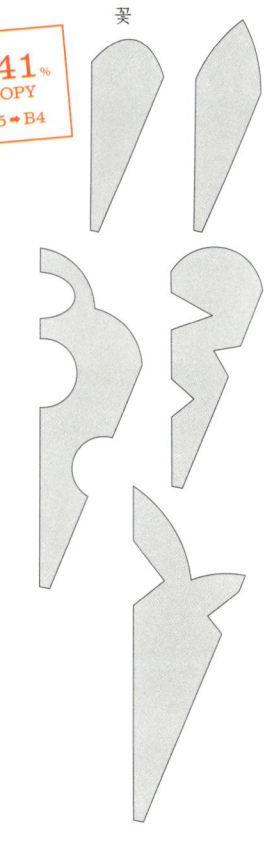

나비

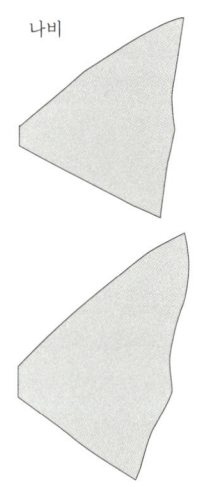

Chapter 2 | 식물

DOMESTIC

VYNIL Series since 2005

What is the Wall Sticker?

월 스티커란?

최근 인테리어 가게 등에서 쉽게 볼 수 있는 월 스티커. 이 월 스티커 탄생의 계기가 된 것이 도메스틱사의 'VYNIL(비닐)' 시리즈입니다. 도메스틱사의 대표 스테판 아류베르제(stéphane arriubergé) 씨의 이야기를 들어보았습니다.

취재 : 세키모토 아야카
글 : 야베 토모코

프랑스 디자인 회사 'DOMESTIC'이 탄생시킨 월 스티커

'하얗고 심플한 벽에 붙이는 것만으로 손쉽게 아트를 즐긴다.' 이러한 새로운 인테리어 스타일을 제안해 프랑스를 시작으로 세계에서 눈깜짝할 사이에 인기를 모은 것이 도메스틱사의 월 스티커 'VYNIL' 시리즈입니다.
'VYNIL'의 특징은 간편함과 대중적인 디자인에 있습니다. 사용법은 가로세로 50cm의 패키지에 들어있는 스티커를 이형지에서 벗겨내 벽에 붙이는 것뿐. 레이아웃은 자유자재로 구상할 수 있고, 스티커는 몇 번이라도 다시 붙일 수 있기 때문에 어느 집에서도 간편하게 사용할 수 있습니다. 또 시리즈에는 지금까지 많은 인기 디자이너와 아티스트가 참가했습니다. 좋아하는 크리에이터의 작품을 고르면 마치 예술 작품을 장식한 듯한 사치스러운 기분을 맛볼 수도 있습니다.

"지금까지 디자인을 인테리어에 도입하는 방법은 그림이나 벽지 정도밖에 없었습니다. 거기에서 이 방법이 문득 떠올랐고, 그게 시작이었던 것입니다."

도메스틱사의 설립자인 스테판 아류베르제 씨의 말입니다. 아류베르제 씨는 영국의 인테리어 숍 '하비타트(Habitat)'에 근무할 당시 'VYNIL'의 콘셉트를 제안했습니다. 하지만 주목을 모으긴 했으나 가격이 비싸 대중화되지 않았습니다. 그래서 시리즈를 보다 발전시키고자 친구인 막시밀리노 씨와 함께 파리에 도메스틱사를 설립했습니다. 2003년 10명 정도의 디자이너로 시작한 'VYNIL'은, 현재 약 50명의 디자이너가 이름을 내걸고 있으며, 아이템 수는 500점에 달한다고 합니다.

"영국, 스페인, 오스트레일리아, 그리고 일본 등 세계 각지의 디자이너들이 참가했습니다. 우리들은 호기심이 왕성해요. 클래식에 한하지 않고 아트나 디자인 등 폭넓게 눈을 두고 마음에 드는 디자인을 발견하면 접촉을 취합니다. 각 분야의 일류들과 일을 하며 다양한 작품을 만들어 내고 있는 것이죠."

크리에이터들의 자유로운 발상에서 태어난 월 스티커는 미소가 저절로 흘러나오는 귀여운 것에서부터, 이야기가 있는 아티스틱한 것까지 가지각색입니다. 공통점이 있다면 방의 분위기를 대담히 바꾸든 작은 스티커로 강조하든, 익숙했던 방이 아이디어에 따라 순식간에 드라마틱한 공간으로 바뀐다는 것입니다. 벽을 캔버스라 생각하고 어디에 무엇을 붙일지 상상하며 자신의 방에 세상에 단 하나뿐인 예술 공간을 만든다. 'VYNIL'은 그런 꿈을 이루어주는 인테리어 툴입니다.

VYNIL 시리즈 중에는 똑딱단추나 거울, 콘센트 등과 어우러지는 실용적인 것들과 키를 잴 수 있는 자가 붙어 있는 것, 액자 등 재미있는 아이디어가 많습니다.

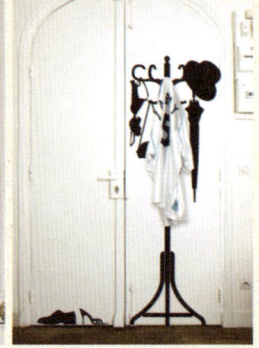

DOMESTIC

스테판 아류베르제와 막시밀리아노 이올리오가 공동으로 설립한 프랑스 디자인 회사. 2003년 첫 컬렉션 'Wall Drawings' 발표. 아티스트의 작품을 붙임으로써 방이 표현 공간으로 바뀐다는 이 시리즈는 후에 '월 스티커'로서 정착하게 된다. 그 후로도 세계의 기예 디자이너들과 함께 최종 사용자가 공간 만들기에 참가할 수 있는 신선한 콘셉트의 작품을 잇달아 제안했다. 2009/2010 컬렉션에서는 지금까지의 프레임과는 달리 거울을 자유롭게 한 〈Narcisse〉나 복고적인 느낌의 파노라마 벽지를 복원시킨 〈The New Domestic Landscapes〉 등도 발표했다.

http://www.domestic.fr/

Chapter 3

세계여행

Trip to the World

015 * 남극의 얼음 세계

남극의 동물 부자가 모여 함께 캠핑을 즐기고 있어요.
얼음조각들은 어떻게 맞추느냐에 따라 여러 가지 모양이 만들어져요.

도안 → p.124

Chapter 3 세계여행

016 * 북유럽의 밤

신비로운 밤. 침엽수림에 숨어 있는 동물들.
조명을 조금 어둡게 연출하면 멋지답니다.

도안 → p.125

Chapter 3 세계여행

017* 지중해 바캉스

지중해의 해변을 표현해 보았습니다.
지쳤을 때는 멍하니 파도를 바라보며 기분전환을 해 보아요.

도안 → p.126

Chapter 3 세계여행

018 * 유럽의 거리

건물을 자유롭게 구성해 자신만의 마을을 만들어 보아요.
모르는 마을을 여행하는 기분이 들 거예요.

> *Point*

마스킹 테이프를 사용한다

작은 풍선은 마스킹 테이프로
간단히 만들 수 있어요.
무늬가 있는 마스킹 테이프를
사용하면 포인트가 됩니다.

도안 → p.127

Chapter 3 　 세계여행

019* 기차 여행

마스킹 테이프로 만든 선로는 어디로든 이어질 수 있답니다.
기차로 국경을 넘어 이번에는 어디로 떠날까요?

도안 → p.128

> **Point**

선로는 마스킹 테이프로

선로 부분은 마스킹 테이프를 사용해 러프하게 만듭니다. 마스킹 테이프를 계속 연결해 긴 선로를 만들어 봅시다.

020* 여행 지도

상상 속 마을을 마음 가는 대로 그려 보아요.
벽이나 선반 위에 붙이면 귀여워요.

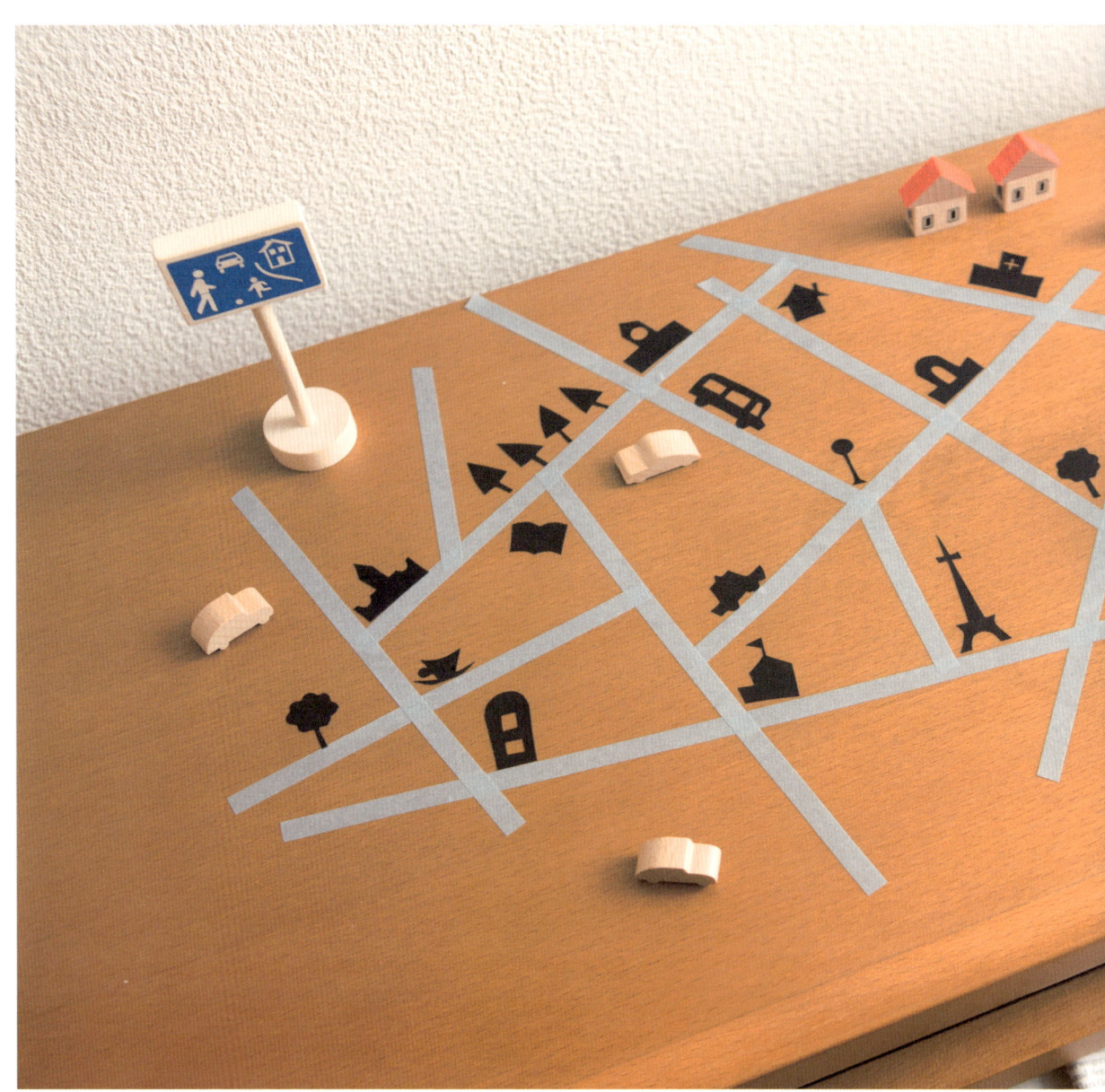

> **Point**

마스킹 테이프로 도로를 만든다

도로 부분은 마스킹 테이프를 사용해 러프하게 만듭니다. 너무 고민하지 말고 마음 가는 대로 붙여 나가요.

도안 → p.129

★ WELCOME TO ★ MY ROOM!

'생활 속 월 스티커'라는 주제로 월 스티커를 이용해 꾸민 방의 주인을 만나 그 감상과 포인트를 물어보았습니다.

Room 01

요시다 쿠미코

요시다 흥업에서 매니저와 영화 배급 일에 종사한 후 독립하여 러시아 인형 애니메이션 영화 〈체브라시카〉를 배급. 그 후 카페 오너와 영화 프로듀스를 거쳐 현재는 모 만화 프로덕션에 근무 중이다.

선택한 월 스티커의 마음에 드는 포인트가 무엇인가요?

원래 나무의 실루엣을 좋아해서 '나무'나 '가지'의 모티브가 마음에 들었어요. 또 모노톤의 향수 어린 분위기도 좋았고요.

요시다 쿠미코의 방 Q&A

Q1. 방의 테마는?
A. '퇴폐적인 장식'
농후한 느낌의 고딕풍을 좋아하지만 지나치지 않은 세련된 느낌을 지향하고 있습니다.

Q2. 방의 포인트는?
A. 2층의 방을 연결해 만든 나사 모양의 계단. 또 창문이 넓어 햇살이 가득 들어오기 때문에 매우 밝은 것이 마음에 들어요.

p.38, p.40, p.68의 작품은 요시다 쿠미코 님의 방에서 촬영한 것입니다.

Q3. 마음에 드는 가구나 인테리어 아이템은?
A. 샹들리에와 액자, 포스터 등이요. 일본에서 파는 포스터에는 매력이 느껴지지 않아 외국에 갔을 때 사온 것이 많아요.

Q4. 좋아하는 모티브는?
A. 나무나 나비가 좋아요. 벽에 장식되어 있는 나비 모양의 런천 매트는 시드니에서 구입했어요. 얀 슈반크마이에르의 영화처럼 약간 섬뜩한 느낌도 좋아해요.

Room 02

타바마츠 요코

세미오더 토트백 온라인 사이트 '미츠바치 토트'의 오너. 웹사이트상의 판매 외에 전국 각지로도 출장 판매하고 있다.

선택한 월 스티커의 마음에 드는 포인트가 무엇인가요?

'샹들리에'에는 꿈이 있다고 생각해요. 기분이 좋아지잖아요. '새' 모티브는 저희 회사의 상품으로 쓸 정도로 좋아해요. 하늘이나 바다처럼 생활공간에서 쉽게 볼 수 없는 모티브를 방 안에 꾸며 넣음으로써 경계선이 없어져 비일상적인 공간이 태어나는 듯해서 마음에 들었어요.

p.32, p.34, p.80의 작품은 타바마츠 요코 님의 방에서 촬영한 것입니다.

타바마츠 요코의 방 Q&A

Q1. 방의 테마는?
A. '언제든 여행을 떠날 수 있는 방'
이사를 자주 하기 때문에 짐을 바로 정리해서 반나절 만에 이사할 수 있도록 짐을 그다지 많이 두지 않아 심플한 편이에요.

Q2. 방의 포인트는?
A. 새로운 물건은 왠지 안정되지 않은 느낌이라 항상 낡은 물건을 찾아요. 이 맨션은 꽤 낡았는데요, 요즘은 사용하지 않는 소재나 쇠 장식이 있어요. 또 묘한 공간이 있는데, 이 공간이 주는 화려함이 마음에 들었어요. 넓고 휑한 느낌의 거실도 좋아요.

Q3. 마음에 드는 가구나 인테리어 아이템은?
A. 육각형의 테이블은 랜드스케이프 프로덕트에서 특수제작해 준 거예요. 벌집을 연상케 하는 육각형 모양의 테이블이 간결한 느낌으로 구성할 수 있게끔 되어 있어요. 음악을 좋아하기 때문에 스피커와 앰프만은 좋은 걸 갖고 싶어서 JBL의 스피커와 Marantz의 앰프를 샀어요. 소파 위에 있는 고양이와 강아지 베개는 전에 저희 가게에서 취급하던 아론 스튜어트의 제품이에요. 실제 애완동물 강아지와 고양이를 모델로 만들었다고 해요.

Room 03

야베 토모코

작가. 서점, 출판사 근무를 거쳐 지금은 프리랜서로 활동하고 있다. 주로 책이나 서점, 공간을 테마로 집필하고 있다. 저서로는 『도쿄건축산책』, 『서점에 가고 싶다』, 『도쿄공원산책』 등이 있다.

선택한 월 스티커의 마음에 드는 포인트가 무엇인가요?

'잎'이나 '벚나무'의 경우 식물을 놓을 수 없는 장소에서도 초록을 즐길 수 있다는 점에서 좋은 것 같아요. 또 아무것도 아닌 하얀 벽에 초록이 더해지는 것만으로 다른 표정이 되죠. '기차'도 그림책의 한 장면처럼 귀여워요.

야베 토모코의 방 Q&A

Q1. 방의 테마는?
A. '나무가 있는 생활'
원목으로 된 마루는 여름엔 산뜻하고 겨울에는 따뜻함이 느껴져서 마음에 들어요.

Q2. 방의 포인트는?
A. 지은 지 30년이나 된 오래된 맨션이지만 옅은 회색의 콘크리트 블록으로 만들어진 무국적 분위기에 끌렸습니다. 방의 일부 벽은 콘크리트 블록 자체로 만들어져 있는데, 벽돌 같은 느낌이 나서 좋아요.

Q3. 마음에 드는 가구나 인테리어 아이템은?
A. 키치죠지의 '트랜지스터'에서 산 앤티크한 그릇장. 영국제이지만 북유럽 느낌이 나고, 크기가 아담해서 지금 생활에 딱 알맞다고 생각해요. 학교 앞에서 산 나뭇가지 모양의 후크는 녹슨 철의 느낌이 마치 진짜 마른 나뭇가지 같아요. 그 자체만으로 자연스러운 존재감이 있어서 좋아요.

Q4. 좋아하는 모티브는?
A. 집의 형태를 좋아해요. 젓가락 받침대나 연필깎이, 접시, 도마까지 여러 가지 집과 관련된 아이템을 수집하고 있습니다.

Chapter **4**

인테리어

Interior

Chapter 4　인테리어

021* 여러 가지 조명

반짝반짝 샹들리에, 어렴풋한 랜턴, 포근한 전구.
여러 가지 빛이 모여 마음에도 서서히 등불이 켜지네요.

> *Point*

투명색을 사용한다

빛을 표현할 때도 투명색의 시트지를
사용하면 효과적입니다.

도안 → p.130

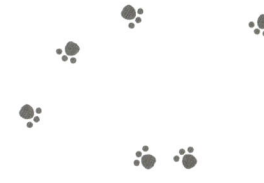

Chapter 4 인테리어

> *Arrangement*

다른 모티브와 조합한다

복사본의 크기를 조정해서 새장과 p.32의 '새들의 보호 지구'의 새를 조합하고, 꽃병은 투명색 시트지를 사용해 p.44의 '골목에 핀 꽃'의 꽃과 조합해 봅시다.

022*

앤티크 소품

우연히 발견한 앤티크 잡화.
살짝 붙이는 것만으로 복고풍의
분위기로 바뀌어요.

도안 → p.131

Chapter 4 인테리어

도안 → p.132-133

처음 만드는 월 스티커

023* 아이디어 아이템

시계, 콘센트, 스위치 등 항상 보는 아이템.
조금만 궁리해서 붙이면 바라보는 게 즐거운 공간이 될 거예요.

Chapter 4　인테리어

024 * 라인 — 마스킹 테이프 테크닉 —

일직선으로 붙인 마스킹 테이프에 색을 조합하거나 간격을 벌리면 여러 가지로 표현할 수 있습니다. 사진을 참고해 좋아하는 색으로 붙여 보세요.

025* 블록 — 마스킹 테이프 테크닉 —

마스킹 테이프를 짧게 잘라 나란히 붙여 봅니다.
벽 전체에 깔지 않고 군데군데 붙이면 귀엽게 표현할 수 있어요.

026 * 나비 - 마스킹 테이프 테크닉 -

마스킹 테이프를 삼각형으로 잘라 두 장을 합쳐 붙이면 나비 모양이 만들어집니다. 그 외에도 여러 가지 표현이 가능하므로 다양한 방법을 고안해 자신만의 오리지널 모양을 만들어 보세요.

Chapter 5

파티 타임

Party Time

027* 크리스마스트리

크리스마스트리를 만들 전나무에 여러 장식이나
선물을 붙여 벽의 장식품으로 만들어 보아요.

도안 → p.134

Chapter 5　파티 타임　091

> Point

여러 방향으로 이어 붙여요

박쥐나 호박은 여러 방향으로 붙여가며 다양한 변형을 해 보세요.

028* 춤추는 핼러윈

박쥐와 호박을 이어 붙입니다.
모두 함께 귀신 춤을 춰 봐요.

도안 → p.135

Chapter 5 　파티 타임

029* 컬러풀한 생일

과자와 찻잔들이 파티에 경쾌한 색을 더해요.
각각의 아이템은 단체로 사용해도 좋아요.

> *Point*

**마스킹 테이프로
무늬를 만든다**

크래커 모양은 마스킹 테이프로
만들어요.

도안 → p.136

Chapter 5　파티 타임

여러 가지 모티브를 조합하자

이 책에서는 주제를 나누어 모티브를 소개하고 있지만, 주제와 상관없이 각각의 모티브를 조합해 자신만의 오리지널 스티커를 만들어 보세요.

> *Arrangement*

p.28 〈동물원 친구들〉의 고슴도치(확대한 모양)와
p.52 〈들판의 클로버〉의 민들레와 풀

p.34 〈바닷속 물고기들〉의 물고기들과
p.66 〈지중해 바캉스〉의 파도와 배, 요트

p.94 〈컬러풀한 생일〉의 장식과
p.80 〈여러 가지 조명〉의 조명

p.82 〈앤티크 소품〉의
재봉틀, 축음기와
p.94 〈컬러풀한 생일〉의 과일

p.50 〈낙엽의 계절〉의 잎과
p.52 〈들판의 클로버〉의 무당벌레

Manufacturer Report

What's? CUTTING SHEET by Nakagawa Chemical

나카가와 케미컬 회사 방문 레포트
커팅시트지란 무엇인가요?

물감처럼 컬러풀하고 가볍게 잘라 붙일 수 있는 커팅시트지. 그 탄생에서부터 현재, 그리고 앞으로의 이야기를 듣기 위해 커팅시트지의 개척자 나카가와 케미컬을 방문해 보았습니다.

취재·글 야베 토모코

"커팅시트지는 1966년 탄생되었습니다. 당사의 전신인 나카가와도(中川堂)의 초대사장은 칸다(도쿄의 지역구 이름)에서 장인들을 거느리며 간판사업을 운영하고 있었어요. 그런데 시대가 고도성장기에 들어서면서 사인이나 디스플레이의 수요가 급격히 늘고 장인 부족이라는 심각한 사태에 빠지게 되었죠. 그때 2대 사장이 페인트를 대신할 새로운 방법을 생각한 것이 시트 소재였습니다."

이 이야기를 들려준 것은 나카가와 케미컬 CS 디자인센터 디렉터인 코누마 노리코 씨입니다. 코누마 씨에 의하면 조명 내장형의 간판에 사용되던 셀로판에서 발상을 얻어 접착식 시트 소재를 개발하게 된 것이 시작이었다고 합니다. 그리고 1966년에 '커팅시트지'로서 7가지 색을 발표했다고 합니다. 초기에는 좀처럼 수요가 없다가 신칸센과 나리타 공항의 사인에 채용되면서 전환기를 맞게 됩니다.

"커팅시트지의 장점은 뭐니뭐니 해도 페인트칠과는 비교할 수 없는 속도입니다. 게다가 전국 어디에서나 같은 색과 같은 질감의 사인을 표현할 수 있습니다. 균

나카가와 케미컬의 소재를 가지고 실제로 체험할 수 있는 공간 'CS디자인센터'. 기획전시 및 토크 이벤트 등도 개최하고 있다.

커팅시트지를 사용한 전시회의 윈도디스플레이
장소 : 리빙디자인센터 OZONE
디자인 : 마이크로워크스 우미야마 슌스케

윈도 장식용 포글래스 시리즈를 사용한 입구
장소 : Simplex Investment Advisors

1967년 발매한 '윈디' 시리즈.
현재 월 스티커의 선구가 되었다.

일성이 요구되는 시대의 흐름과 맞아 폭발적인 반응을 불러일으키게 되었습니다."

나카가와 케미칼에서는 이듬해인 1967년 윈도디스플레이용 시리즈 '윈디'를 발표합니다. 현재 월 스티커의 원조라고도 말할 수 있는 이 상품은 식물이나 풍경, 크리스마스트리 등의 패턴을 키트로 판매한 것으로, 당시 전국적으로 인기를 얻었습니다. 컬러풀한 꽃이나 과일 모양의 디자인은 어린 시절 기억을 떠올리게 해, 복고풍의 사랑스러운 느낌을 갖게 합니다.

색채 연구와 신소재 개발을 진행한 결과, 시트 소재는 거리의 풍경에서 빠질 수 없는 존재가 되었습니다. 지금은 디스플레이를 시작으로 쇼윈도, 호텔 로비, 건물의 사인, 전람회의 장식, 그리고 F1 레이싱카의 몸체 등에도 가볍고 발색이 좋은 시트 소재를 사용하고 있다고 합니다. 이렇게 장식재로서 발전해 온 커팅시트지이지만 개인도 물론 구입 가능합니다. 일부 상품이 도큐핸즈나 로프트에서 판매되고 있으며, 2010년 9월부터는 온라인에서도 판매를 시작했습니다.

"거리의 경관을 만드는 대형 작업도 중요하지만 거기에 그치지 않고 우리들의 시작점인 '윈디'처럼 좀 더 우리 생활의 가까운 곳에서도 즐길 수 있었으면 좋겠어요."

그런 생각에서 2010년 1월에는 수석 디자이너 와타나베 토시히로를 중심으로 기획전 〈WALL DECO EXHIBITION〉을 발표했습니다.

"전시에서는 유리컵, 아크릴 의자, 바이크, 테이블 등 여러 가지 물건에 커팅시트지를 붙여 자유로운 사용법을 보여드리려 했습니다. 또 최근에 열린 비닐우산을 만드는 워크숍에서는 장화나 비옷을 세트로 만들어 부모님과 아이들에게 호평을 얻었습니다. 우산은 커팅시트지와 같은 염화 비닐 소재이기 때문에 붙이기 쉽거든요. 그런 식으로 지금까지와는 다른 사용법을 계속 제안해드리고 싶습니다."
유리컵, 비닐, 그리고 플라스틱이나 스테인리스와도 잘 어울리는 커팅시트지. "무인양품이 처음 나왔을 때 커팅시트지를 붙일 물건이 참 많다고 생각했어요."라고 말하는 코누마 씨의 말에서 떠올려 보면 확실히 방의 여기저기에 캔버스가 숨어 있는 듯한 느낌이 듭니다. 와타나베 씨가 이야기를 이어갑니다.
"집 안의 여러 가지 물건들에는 뭔가를 붙일 수 있을 것만 같아요. 질려서 버리려 했던 물건도 커팅시트지를 붙이면 재탄생되거든요. 소재에 따라 적절한 게 있고 부적절한 게 있지만 안된다고 단정 짓지 말고 일단은 붙여 보는 거예요. 그리고 거기에서 자신만의 사용법을 넓혀가면 저희로서는 아주 기쁜 일이죠."

주식회사 나카가와 케미컬
http://www.nakagawa.co.jp

CS 디자인 센터
http://www.csdc.jp

커팅시트지 Web Shop
http://www.cuttingsheet.com

장화나 플라스틱 의자, 프라모델 등 다양한 소재와 형상의 스티커를 붙일 수 있으며 여러 가지 변형도 가능하다. 비닐우산에 붙이면 자신만의 표식이 될 수 있다.

How to CUTTING SHEET TECHNIQUE

커팅시트지 붙이는 방법

인테리어 장식으로 자주 사용되는 커팅시트지. 가정에서 사용할 때는 따로 요령이 있을까요?
나카가와 케미컬의 수석 디자이너, 와타나베 토시히로 씨에게 커팅시트지를 능숙하게 붙일 수 있는 방법에 대해 설명을 들어보았습니다.

01 자른다

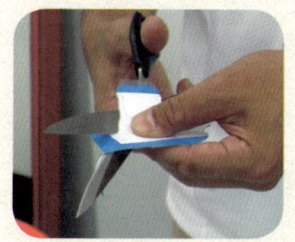

우선 자릅니다. 커터칼 사용을 추천하지만 가위로 사용해도 상관없습니다. 가위에 접착제가 붙으면 알코올이나 아세톤으로 제거해주세요.

02 붙인다

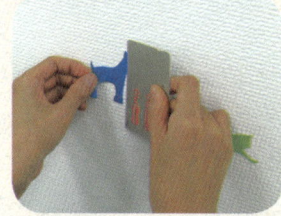
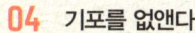

붙일 면에 얼룩이나 먼지를 없애고 커팅시트지를 붙입니다. 신용카드 등을 사용해 조금씩 기포를 밀어내듯 붙이면 더욱 깔끔하게 붙일 수 있습니다.

03 드라이어를 사용한다

곡면을 붙일 때는 드라이어 바람을 이용하면 커팅시트지가 열로 늘어나 붙이기 쉬워집니다. 또 커팅시트지를 뗄 때도 드라이어를 사용하면 떼기 쉽습니다.

04 기포를 없앤다

만약 기포가 들어갔다면 커터칼 끝으로 기포 부분에 구멍을 내 천천히 누르며 공기를 빼냅니다. 구멍은 거의 티가 나지 않아요.

유리나 아크릴과 같은 평활면이나 큰 면을 붙일 때는 분무기를 사용해 붙이는 방법도 있습니다.

How to make Wallsticker

›› 도구&재료

* **가위**
  문방구에서 구할 수 있는 일반 가위면 충분합니다. 작은 가위는 세세한 부분을 자를 때 편리합니다.

* **커터칼**
  세세한 부분을 자르거나 도려낼 때 사용합니다.

* **커터매트**
  커터칼을 사용할 때 바닥에 까는 것. 신문지 등으로 대체해도 상관없어요.

* **멘딩 테이프**
  형지를 커팅시트지에 고정할 때 사용합니다. 셀로판테이프를 사용해도 괜찮아요.

* **핀셋**
  작은 조각을 붙일 때 편리해요.

* **커팅시트지**
  이 책에서는 대부분의 작품을 커팅시트지로 제작하였습니다.

* **마스킹 테이프**
  무늬를 만들 때 조합하여 모양을 만들거나 선로나 도로를 만들 때 사용합니다.

›› 월 스티커 만드는 방법

기본적인 만드는 방법

200% COPY A5 ➜ A3

01
p.111부터 수록되어 있는 도안을 200% 확대 복사하여 대충 오립니다.

02
자른 도안을 커팅시트지에 멘딩 테이프로 꼼꼼하게 붙입니다.

03
도안을 따라 가위로 자릅니다. 가위를 움직이기보다 시트지를 움직이며 자르는 것이 훨씬 부드럽게 잘립니다.

> **Point**
일반 가위로도 충분하지만 작은 가위가 있으면 더욱 편리해요.

04
창문과 같이 구멍을 낼 부분이 있는 경우는 커터칼로 먼저 오려내 주세요.

> **Point**
구멍을 뚫을 부분을 먼저 오려두지 않은 상태에서 도안을 자르게 되면 커팅시트지가 벗겨지기 때문에 먼저 구멍을 뚫는 것이 좋아요.

» 커팅시트지 자르는 요령

둥근 원을 자를 때

01
둥근 원을 도려낼 때는 종이를 반으로 가볍게 접어 가위집을 냅니다.

> **Point**

커터칼을 사용해도 돼요.

02
가위집을 낸 부분에 가위를 넣고 커팅시트지를 조금씩 돌려가며 자릅니다.

이 요령을 사용한 작품
001 사바나의 동물
017 지중해 바캉스
018 유럽의 거리
020 여행 지도
027 크리스마스트리
029 컬러풀한 생일 등

좌우대칭으로 자를 때

01
좌우대칭의 나뭇잎을 자를 때는 반으로 접어 자르면 간단합니다.

02
연결된 부분의 폭이 너무 좁지 않도록 주의해 주세요.

이 요령을 사용한 작품
011 나뭇잎 커튼

무늬가 있는 모양을 자를 때

01
무늬가 될 부분은 조금 튀어나오도록 붙입니다.

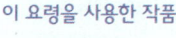

이 요령을 사용한 작품
001 사바나의 동물
005 바닷속 물고기들
027 크리스마스트리
029 컬러풀한 생일 등

02
튀어나온 부분은 가위로 잘라냅니다.

가위에 붙은 점착제는 바로바로 닦아 낸다

01
커팅시트지의 점착제가 가위 날에 붙으면 칼이 잘 들지 않기 때문에 에탄올(소독용 알코올) 등으로 바로바로 닦아 냅니다. 솔벤트라고 하는 전문 용액제도 있습니다.

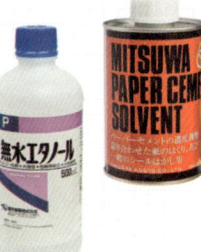

›› 그 외 여러 가지 요령

펀치를 이용한다

01
펀치를 사용해 작은 구멍을 많이 만들어 물방울 모양이나 개와 고양이의 발자국을 만듭니다.

02
p.48의 담쟁이에 붙어 있는 연두색의 열매는 구멍을 뚫은 후 주위를 가위로 둥글게 잘라내면 간단히 만들 수 있습니다.

이 요령을 사용한 작품

003 애완동물과 산책
011 나뭇잎 커튼
012 낙엽의 계절
027 크리스마스트리
029 컬러풀한 생일

종이 소재를 사용해 본다

01
커팅시트지뿐만 아니라 종이를 사용해도 좋아요.

02
종이로 만든 것은 마스킹 테이프를 이용해 투박한 느낌으로 붙여 봅니다.

» 마스킹 테이프를 사용하는 요령

기본적인 사용법

01
마스킹 테이프를 커팅시트지에 붙입니다.

02
그 위에 도안을 맞춰 붙입니다.

03
도안을 잘라 냅니다.

04
완성!

이 요령을 사용한 작품
006 다양한 나무
007 나뭇가지 퍼즐
022 앤티크 소품
023 아이디어 아이템
027 크리스마스트리
029 컬러풀한 생일 등

커팅시트지를 붙이는 요령

기본적인 붙이는 방법

01
벽의 먼지나 얼룩을 에탄올(소독용 알코올) 등으로 닦아 깨끗한 상태로 만듭니다.

02
박리지를 조금 벗겨내고 카드로 밀듯이 눌러 공기를 빼내가며 붙입니다.

03
전체를 눌러 꼼꼼히 붙이고, 기포가 들어간 경우에는 바늘이나 커터칼 끝으로 살짝 찔러 공기를 뺍니다.

04
드라이어 바람을 대고 늘리면서 붙이면 곡면도 깔끔하게 붙일 수 있습니다.

점착력을 약하게 해서 붙인다

01
벽지의 경우 긁히지 않도록 점착력을 어느 정도 약하게 합니다. 박리지를 벗기고 천 등에 한 번 붙입니다.

02
그러면 천의 섬유가 붙어 점착력이 조금 약해집니다. 그것을 벽에 살짝 붙입니다.

> *Advice*
붙이기 전에 벽지나 도장의 상태를 충분히 검토해 주세요. 벗길 때 벽의 소재가 훼손되는 경우가 있습니다.

» 커팅시트지를 벗기는 요령

기본적인 벗기는 방법

드라이어를 대고 열로 점착제를 녹인 후 벗깁니다. 벗긴 후에는 벽에 남아 있는 점착제를 에탄올로 닦아주세요.

›› 도안지 사용법

확대 복사하여 사용한다

01
p.111~136에 수록되어 있는 도안 중 만들고 싶은 아이템을 골라 200%로 확대 복사해 주세요.

02
p.103의 만드는 법을 참고로 형지를 커팅 시트지에 붙인 후 잘라 주세요.

> *Advice*

이 책에 사용된 작품은 모두 형지를 200% 확대하여 사용한 것입니다.
반드시 200%로 확대하여 사용할 필요는 없으므로,
원하는 사이즈로 확대 복사하여 자유롭게 사용해 주세요.

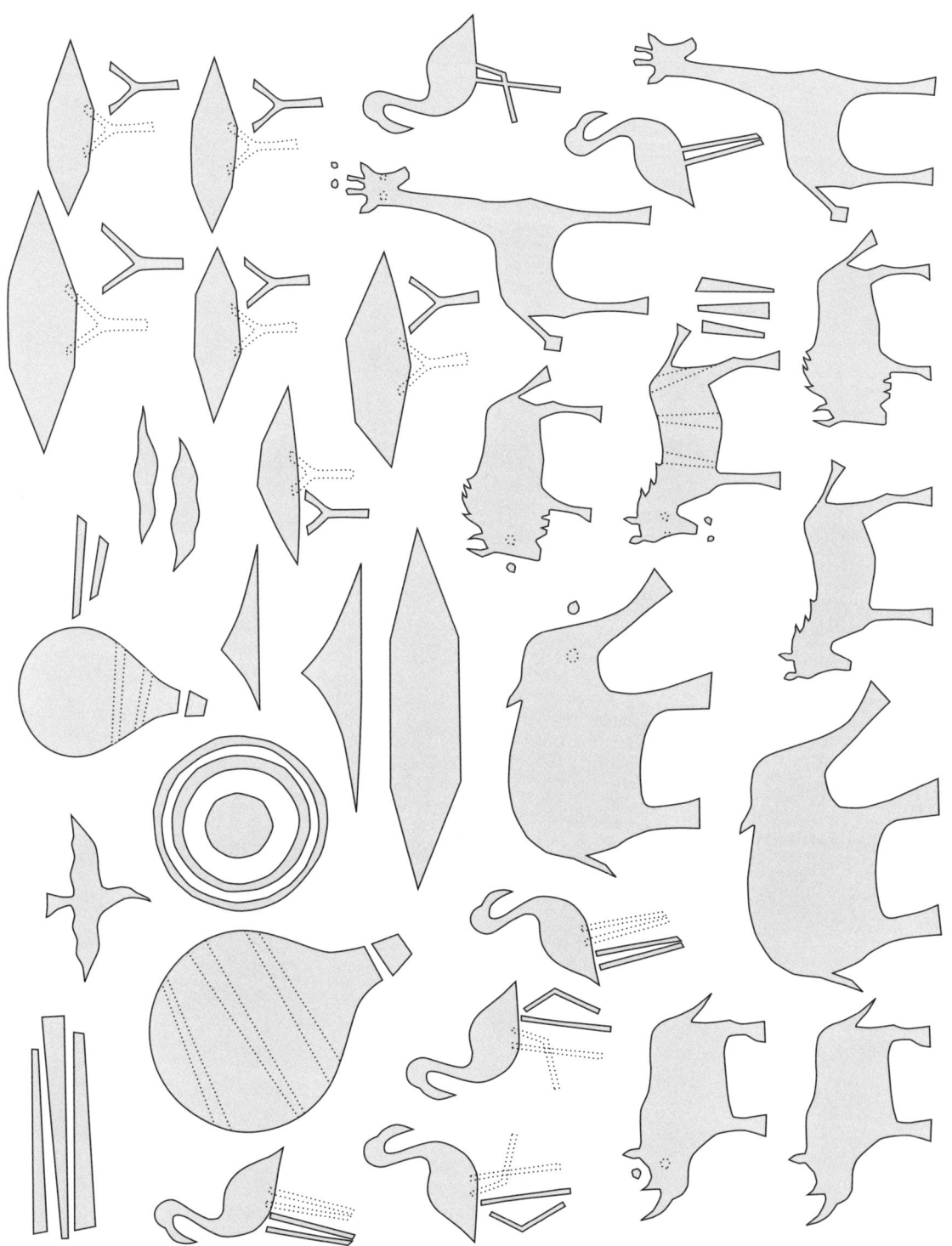

001 사바나의 동물 도안

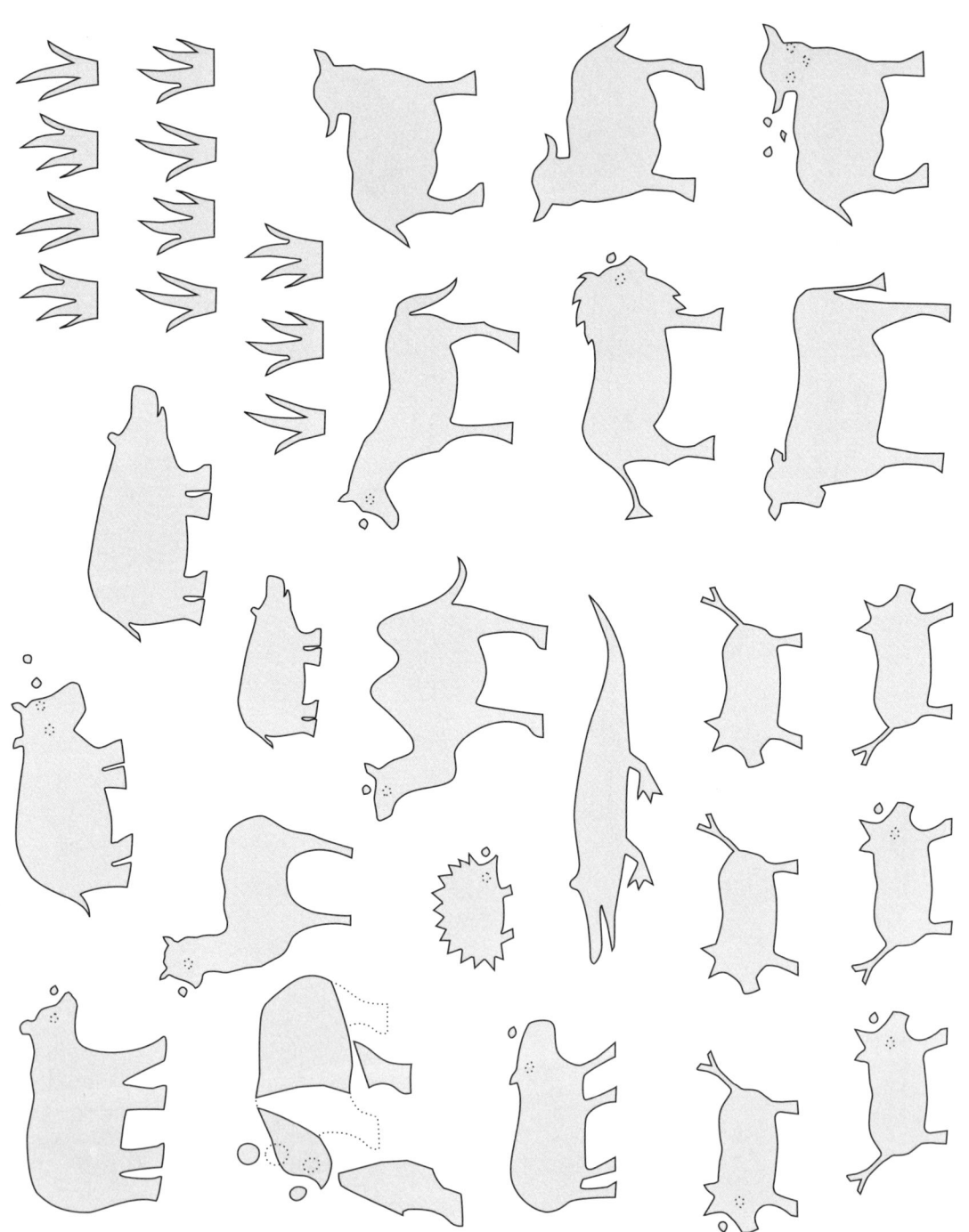

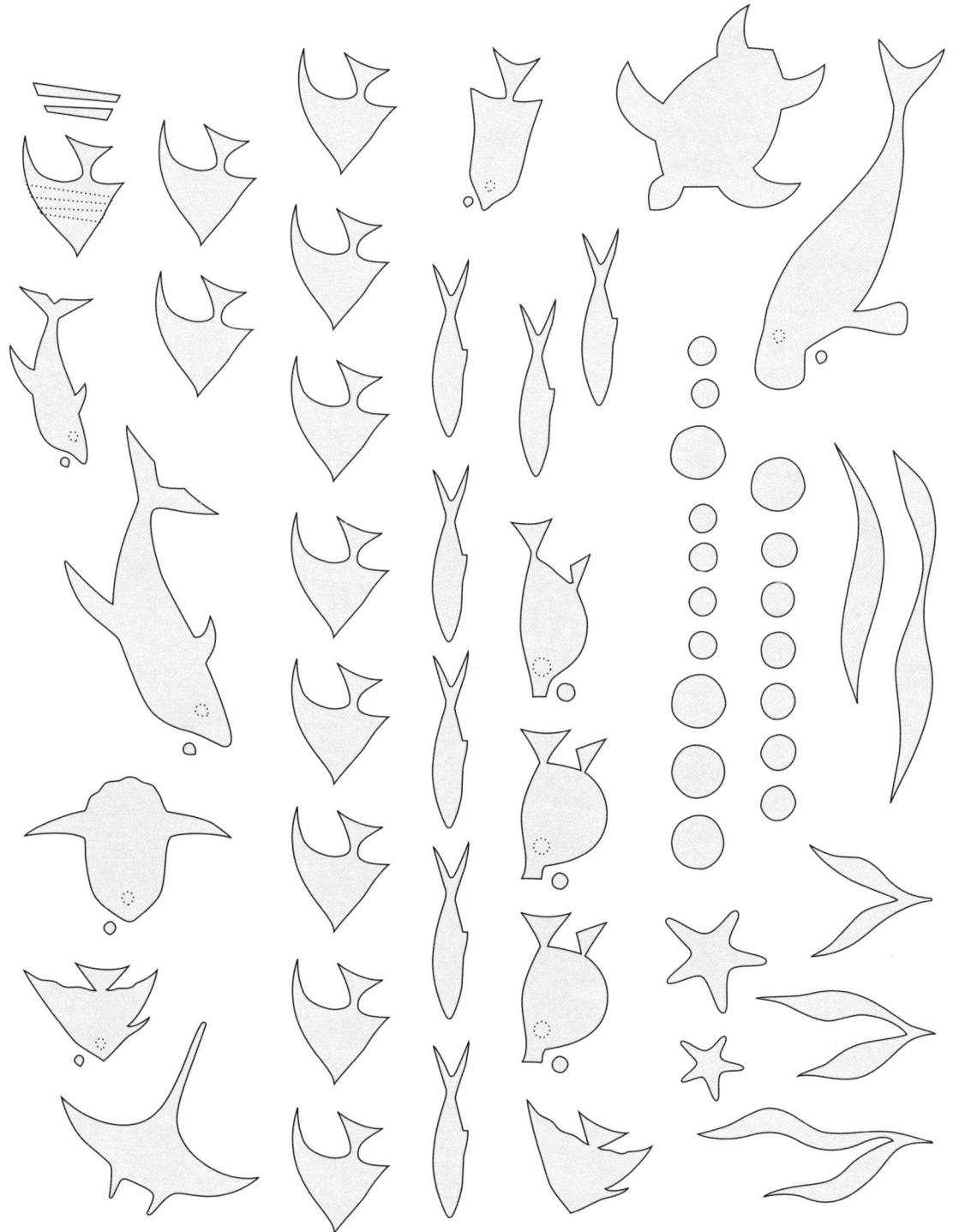

007 나뭇가지 퍼즐 도안

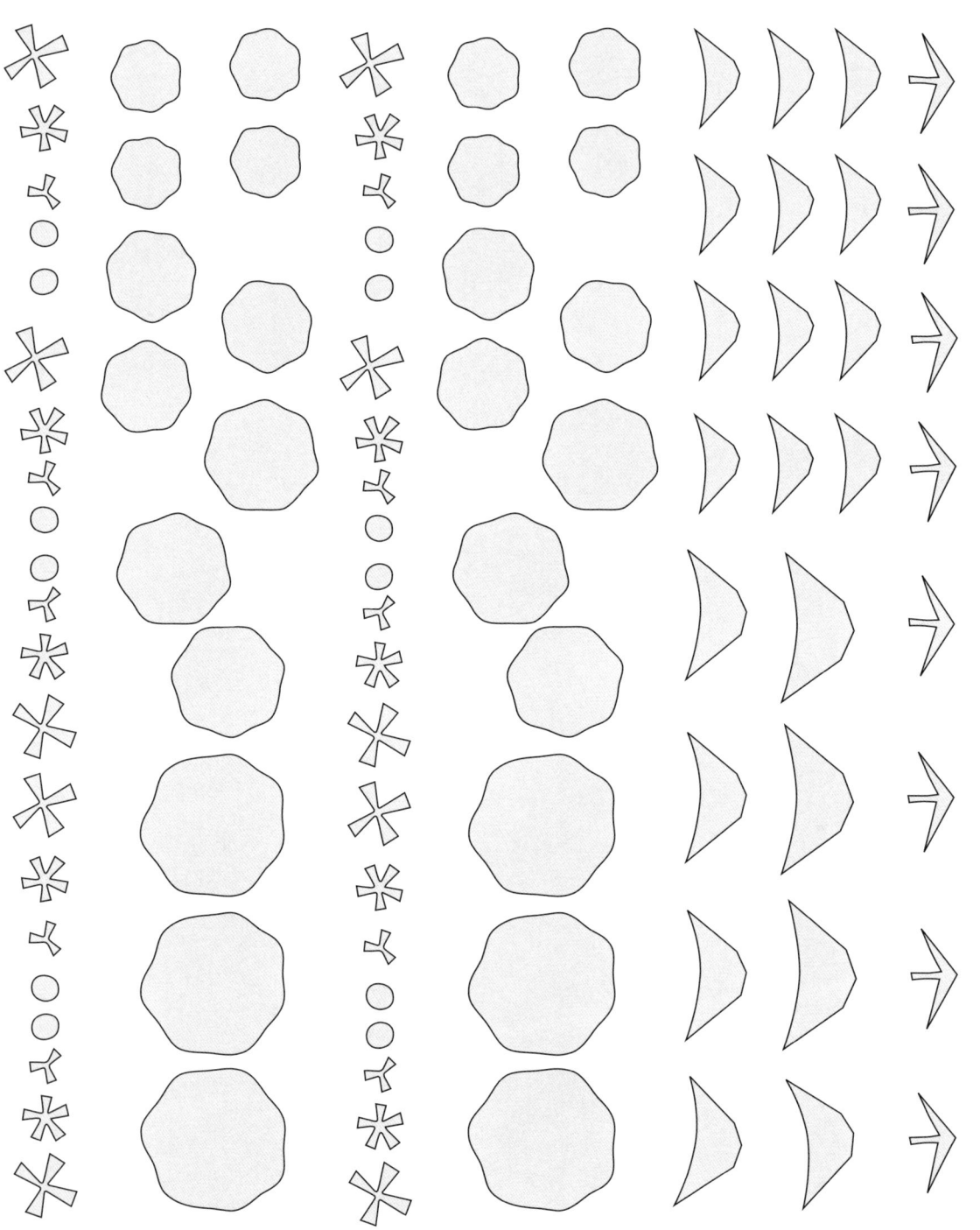

008 꽃의 행진 도안

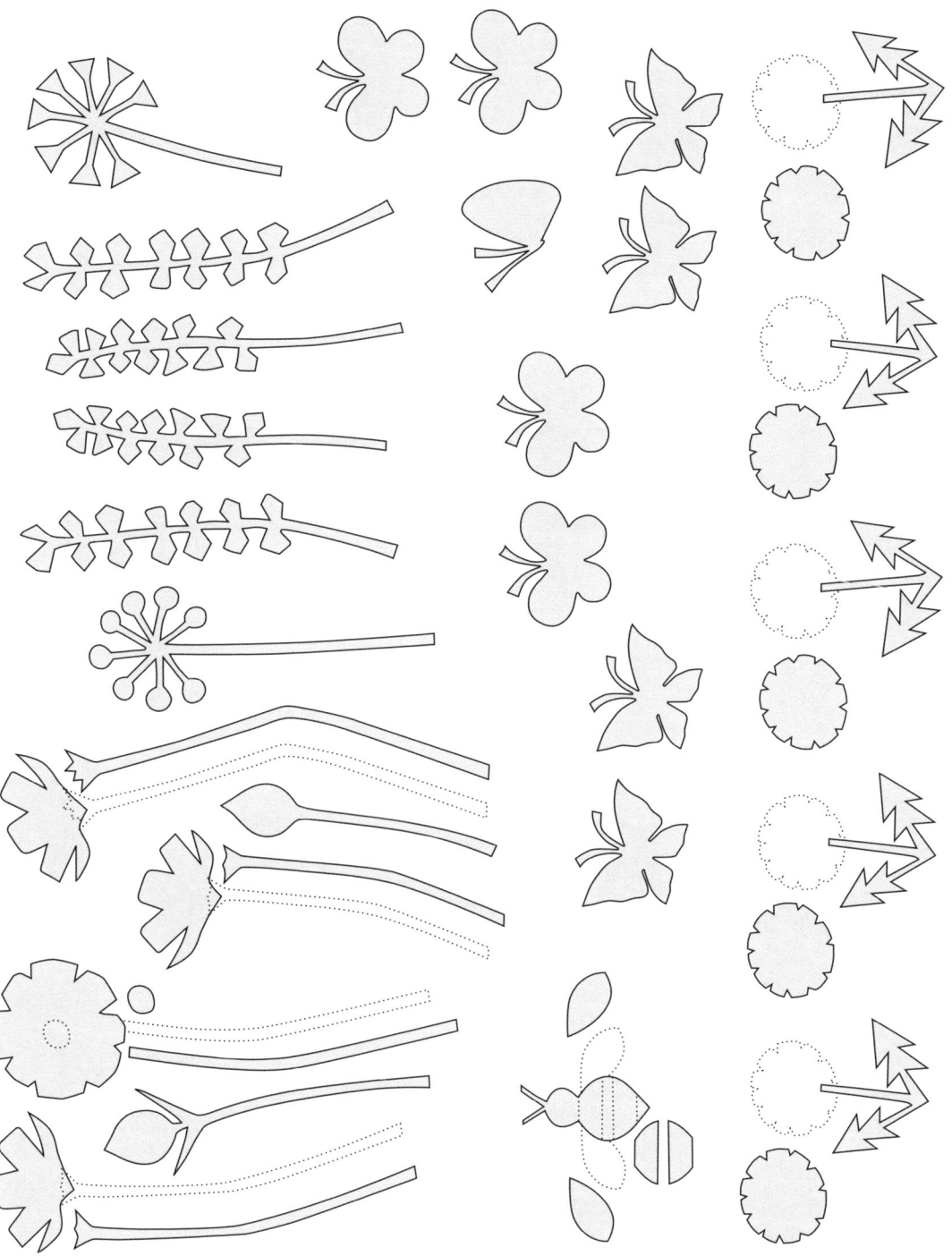

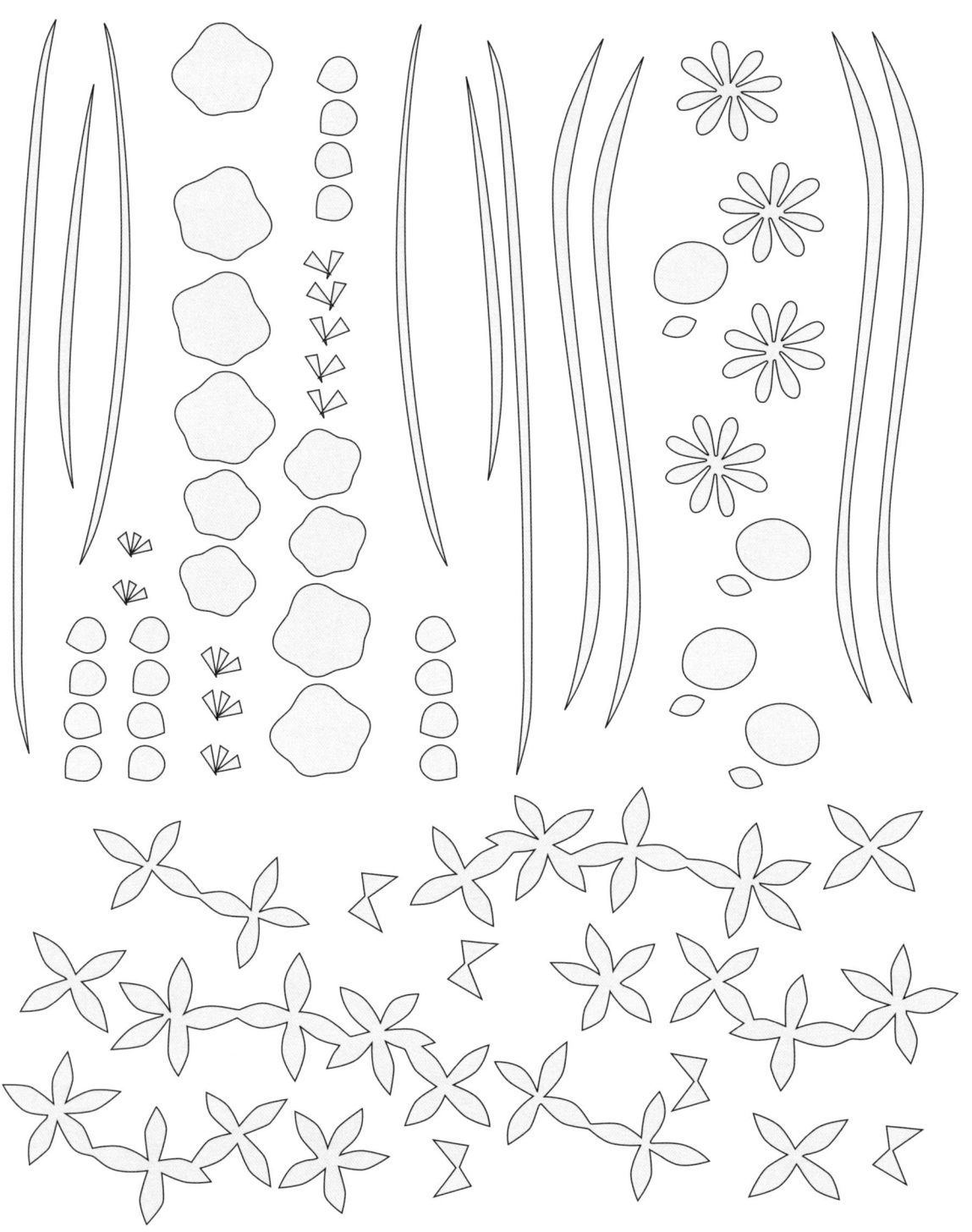

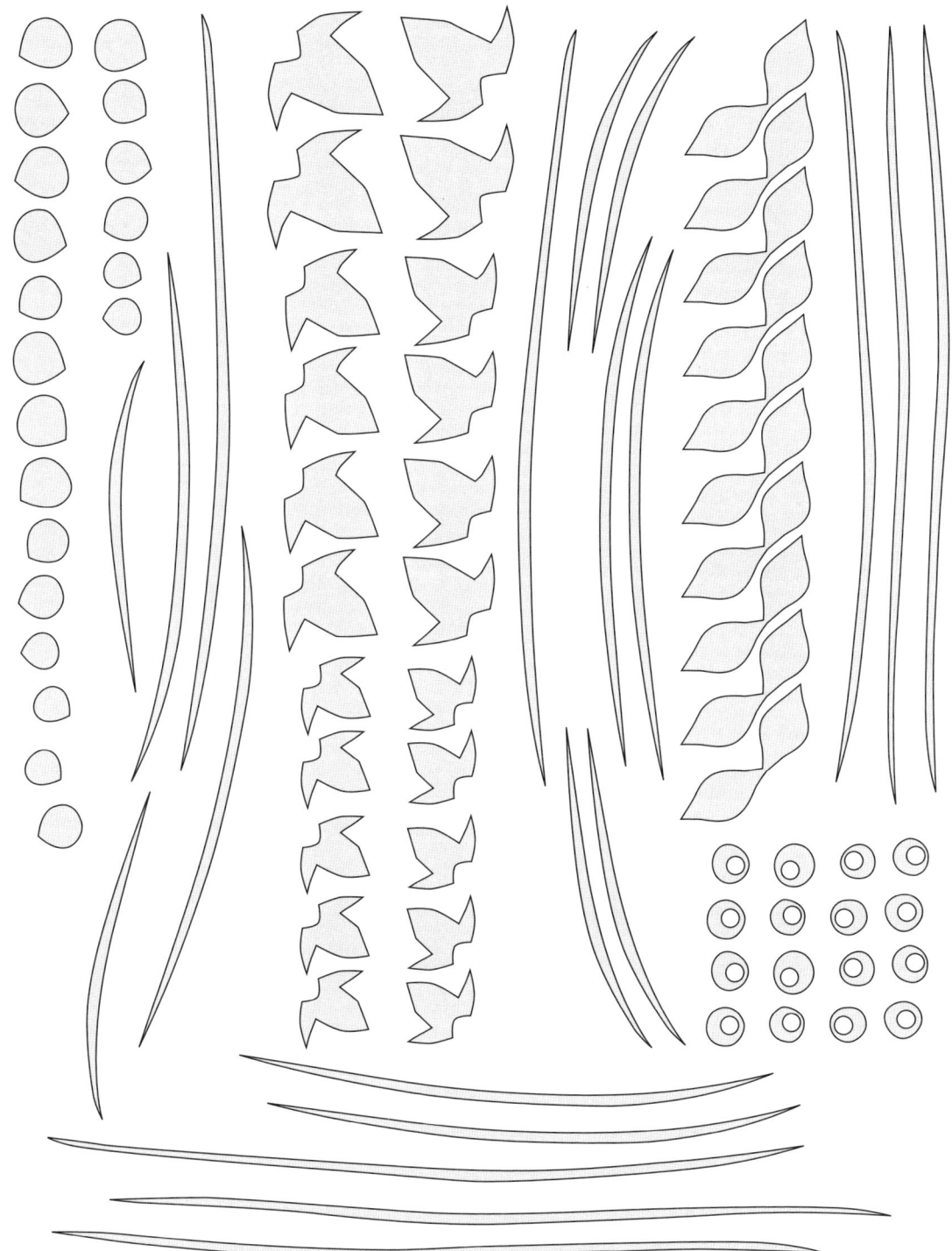

011 나뭇잎 커튼 도안

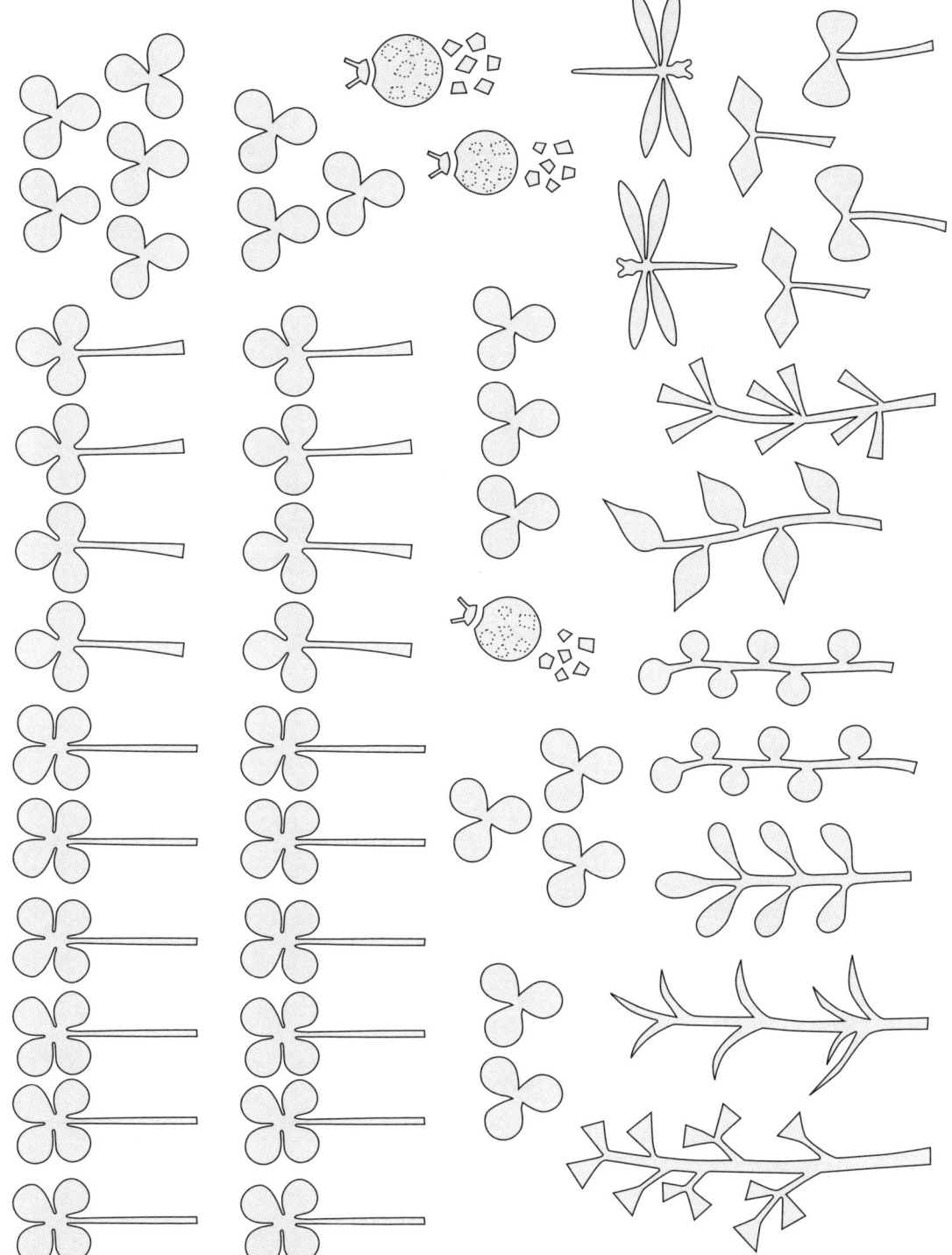

013 들판의 클로버 도안

124　015 남극의 얼음 세계 도안

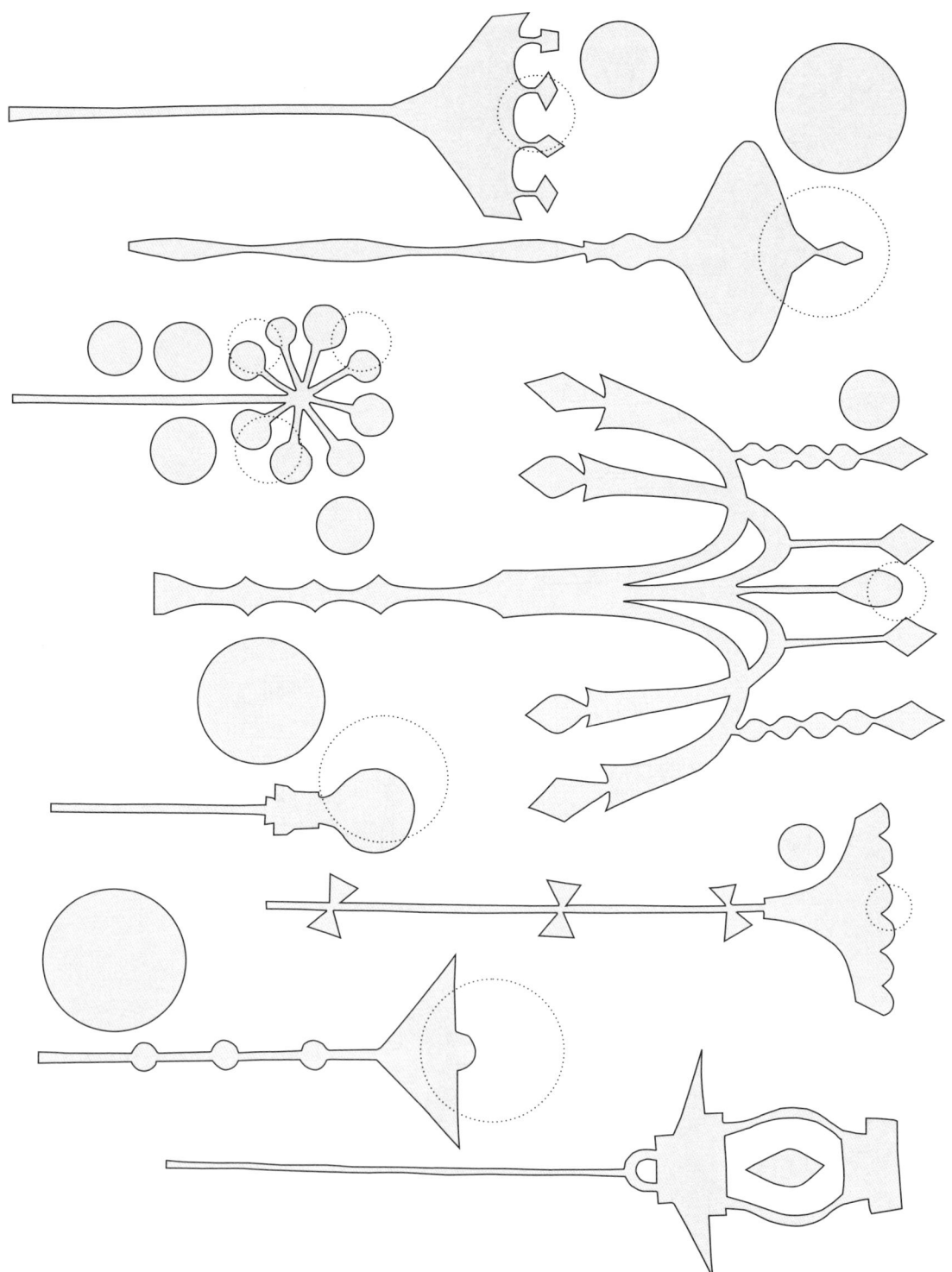

022 앤티크 소품 도안   131

023 아이디어 아이템 도안 133

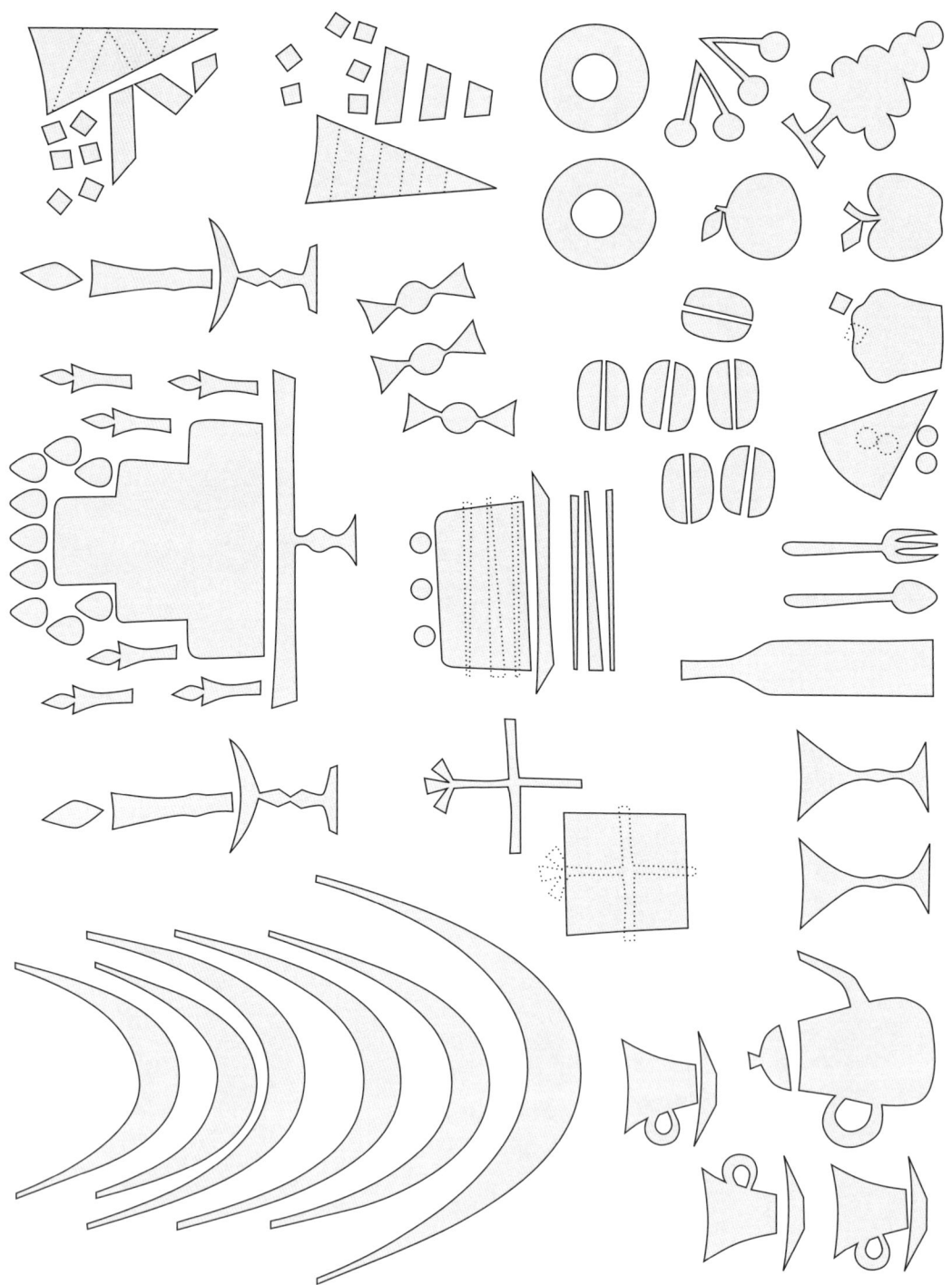

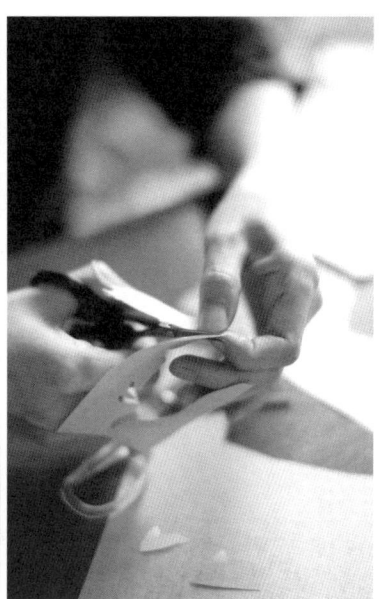

핸드메이드 월 스티커는 자르고 붙이는 것만으로 방의 분위기와 기분을 한 번에 바꿀 수 있는 매우 편리하고 즐거운 인테리어입니다.
커다란 벽이나 작은 벽, 창문 등을 캔버스로 삼아 마음에 드는 아이템을 여러 가지 색으로 자유롭게 조합해 보세요. 조금 비뚤어져도 그게 또 귀엽거든요. 편한 마음으로 시작해 보세요.
벽 외에 소품이나 잡화 등의 물건에도 붙여 보세요. 또 커팅시트지뿐만 아니라 종이와 같은 다른 재료를 사용하면 즐길 수 있는 방법이 몇 배나 많아진답니다. 부디 이 책이 여러분의 생활에 새로운 바람을 불어넣을 수 있는 계기가 되었으면 합니다.

CHIKU